AF221730

Impressum
Verlag: BABADADA GmbH, Nedderfeld 112 , 22529 Hamburg
Geschäftsführer / Verlagsleitung: Harald Hof
Druck: Books on Demand GmbH, In de Tarpen 42, 22848 Norderstedt

Imprint
Publisher: BABADADA GmbH, Nedderfeld 112 , 22529 Hamburg, Germany
Managing Director / Publishing direction: Harald Hof
Print: Books on Demand GmbH, In de Tarpen 42, 22848 Norderstedt

la escuela

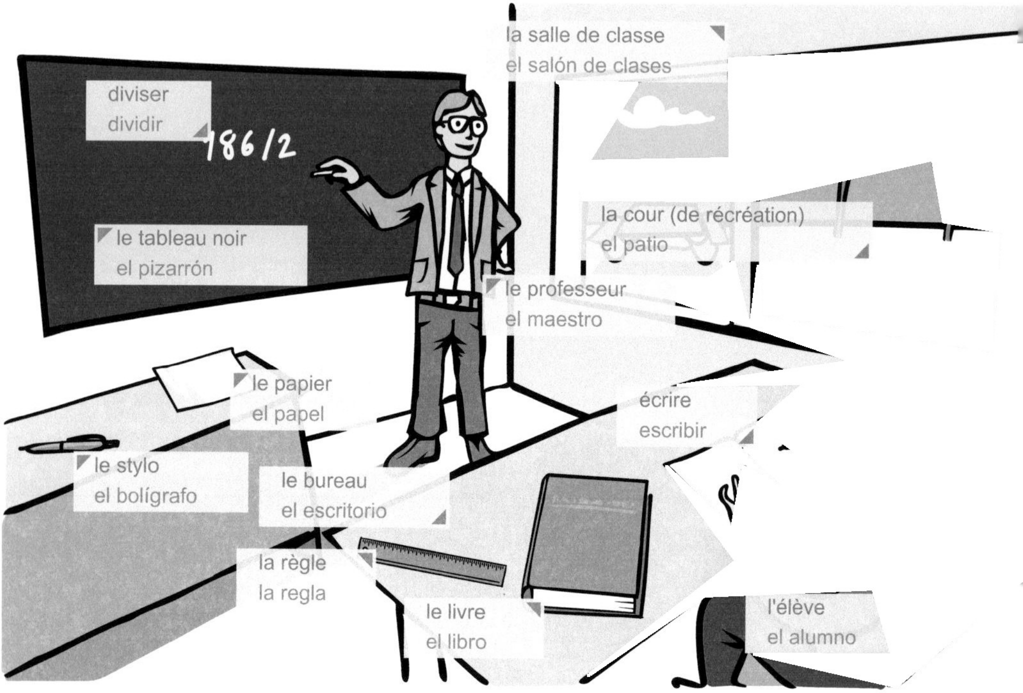
la salle de classe
el salón de clases
diviser
dividir
186/2
le tableau noir
el pizarrón
la cour (de récréation)
el patio
le professeur
el maestro
le papier
el papel
écrire
escribir
le stylo
el bolígrafo
le bureau
el escritorio
la règle
la regla
le livre
el libro
l'élève
el alumno

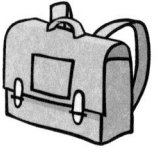

le cartable

la mochila

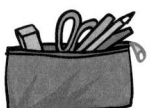

la trousse

la caja de lápices

le crayon

el lápiz

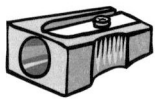

le taille-crayon

el sacapuntas

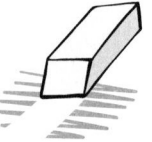

la gomme

la goma de borrar

le carnet à dessin

el bloc de dibujo

le dessin
el dibujo

le pinceau
el pincel

la boîte de peinture
la caja de lápices de color

les ciseaux
las tijeras

la colle
el pegamento

le cahier d'exercices
el libro de ejercicios

les devoirs
la tarea

le chiffre
el número

additionner
sumar

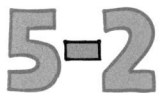

soustraire
restar

multiplier
multiplicar

calculer
calcular

la lettre
la letra

l'alphabet
el alfabeto

le mot
la palabra

le texte

el texto

lire

leer

la craie

la tiza

la leçon

la lección

le livre de classe

el cuaderno de clase

l'examen

el examen

le certificat

el certificado

l'uniforme scolaire

el uniforme

la formation

la educación

le lexique

la enciclopedia

l'université

la universidad

le microscope

el microscopio

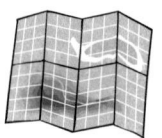

la carte

el mapa

la corbeille à papier

el bote de basura

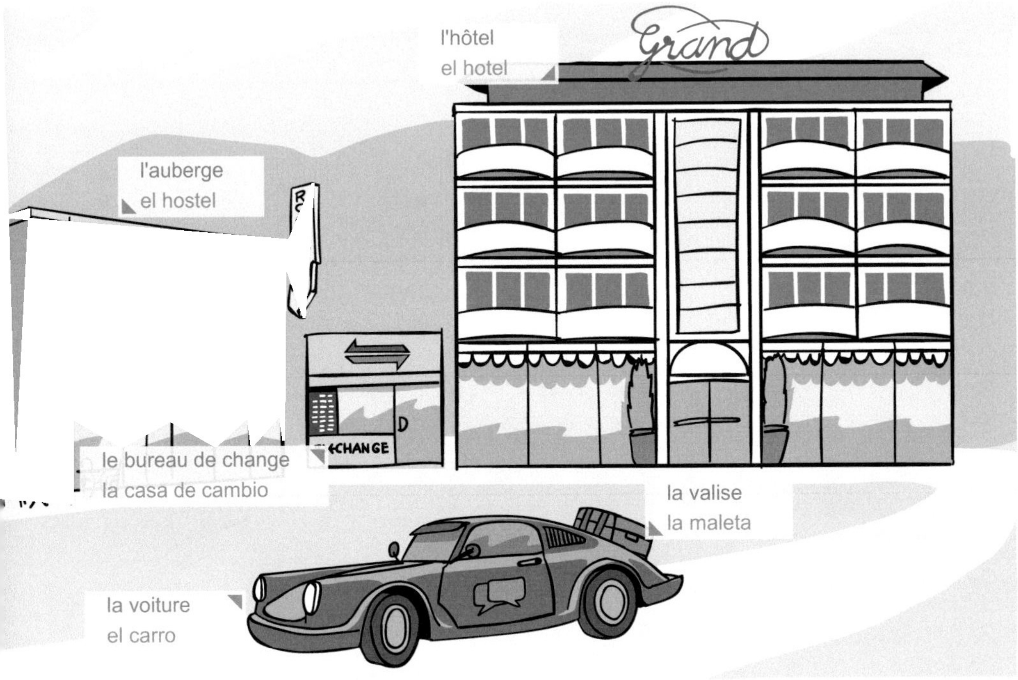

l'hôtel
el hotel
Grand
l'auberge
el hostel
CHANGE
le bureau de change
la casa de cambio
la valise
la maleta
la voiture
el carro

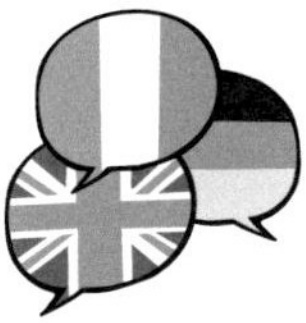

la langue

el idioma

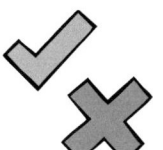

oui / non

sí / no

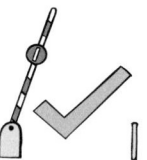

d'accord

Órale

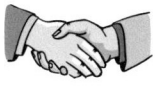

Salut

hola

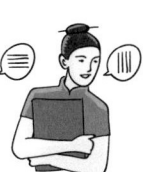

l'interprète

el traductor

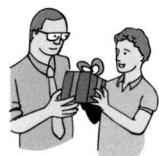

merci

Gracias

Combien coûte...?

¿cuánto cuesta...?

Je ne comprends pas

No entiendo

le problème

el problema

Bonsoir !

¡Buenas tardes!

Bonjour !

¡Buenos días!

Bonne nuit !

¡Buenas noches!

Au revoir

adiós

la direction

la dirección

les bagages

el equipaje

le sac

la bolsa

le sac-à-dos

la mochila

l'hôte

el invitado

la pièce

la recámara

le sac de couchage

la bolsa de dormir

la tente

la tienda de campaña

l'office de tourisme

la información turística

la plage

la playa

la carte de crédit

la tarjeta de crédito

le petit-déjeuner

el desayuno

le déjeuner

el almuerzo

le dîner

la cena

le billet

el billete

l'ascenseur

el ascensor

le timbre

el sello

la frontière

la frontera

la douane

la aduana

l'ambassade

la embajada

le visa

la visa

le passeport

el pasaporte

el transporte

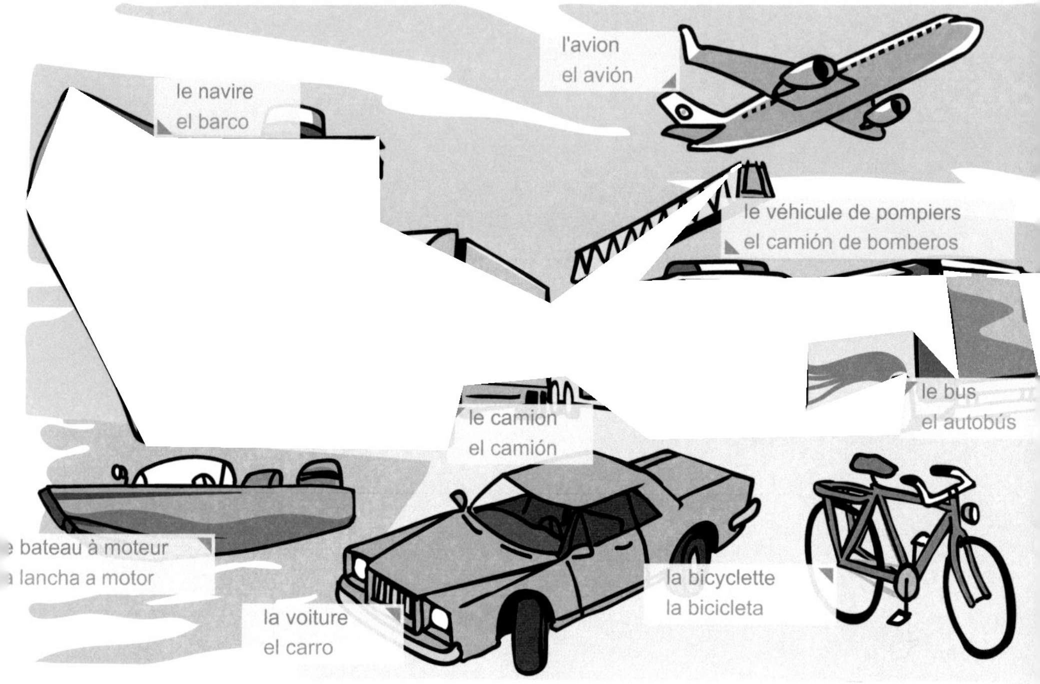
l'avion
el avión
le navire
el barco
le véhicule de pompiers
el camión de bomberos
le bus
el autobús
le camion
el camión
bateau à moteur
lancha a motor
la bicyclette
la bicicleta
la voiture
el carro

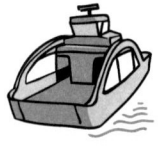

le ferry
el ferry

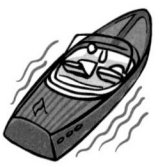

la barque
el bote

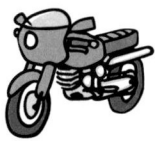

la moto
la motocicleta

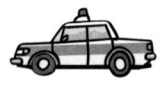

la voiture de police
la patrulla

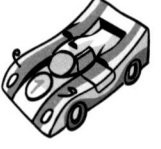

la voiture de course
el coche de carreras

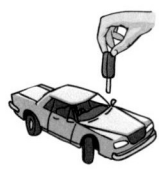

la voiture de location
el auto para rentar

l'auto-partage

la renta de autos

la voiture de remorquage

la grúa

la benne à ordures

el camión recolector de basura

le moteur

el motor

l'essence

la gasolina

la station d'essence

la gasolinera

le panneau indicateur

la señal de tráfico

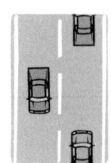

le trafic

el tránsito

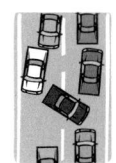

l'embouteillage

el embotellamiento

le parking

el aparcamiento

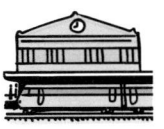

la gare

la estación de tren

les rails

las vías

le train

el tren

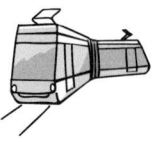

le tramway

el tranvía

le wagon

el vagón

l'hélicoptère
el helicóptero

l'aéroport
el aeropuerto

la tour
la torre

le passager
el pasajero

le conteneur
el contenedor

le carton
la caja de cartón

le chariot
la carretilla

la corbeille
la cesta

décoller / atterrir
despegar / aterrizar

la ciudad

le village
el pueblo

le centre-ville
el centro de la ciudad

la maison
la casa

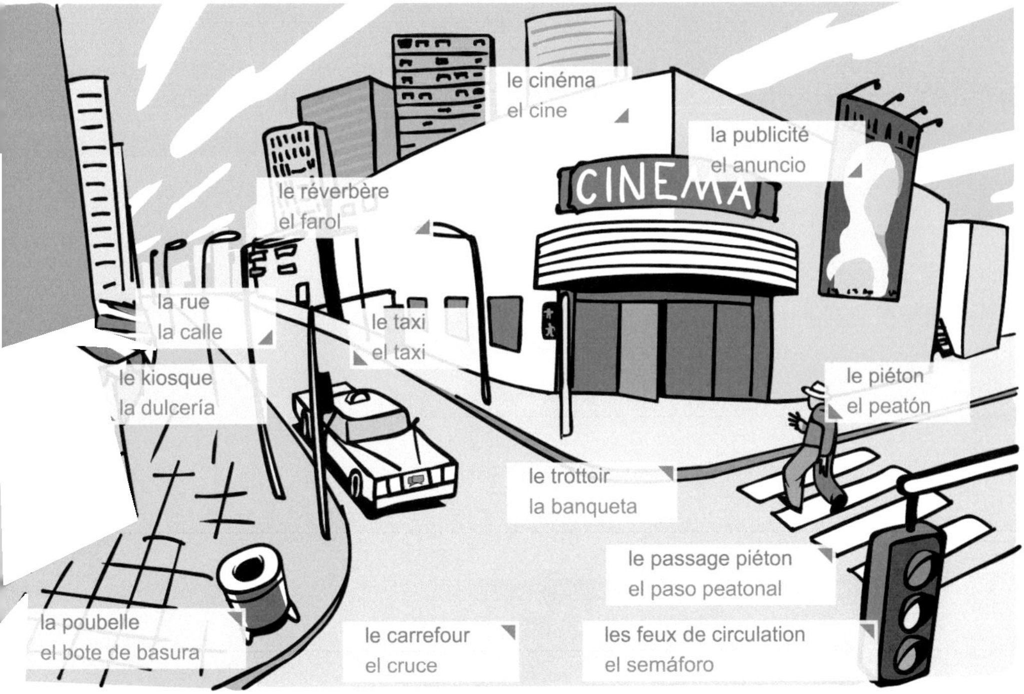

le cinéma
el cine

la publicité
el anuncio

le réverbère
el farol

la rue
la calle

le kiosque
la dulcería

le taxi
el taxi

le piéton
el peatón

CINEMA

le trottoir
la banqueta

le passage piéton
el paso peatonal

la poubelle
el bote de basura

le carrefour
el cruce

les feux de circulation
el semáforo

la cabane
la cabaña

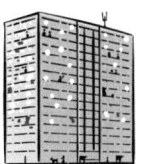

l'appartement
el apartamento

la gare
la estación de tren

la mairie
el ayuntamiento

le musée
el museo

l'école
la escuela

la ville - la ciudad

l'université
la universidad

la banque
el banco

l'hôpital
el hospital

l'hôtel
el hotel

la pharmacie
la farmacia

le bureau
la oficina

la librairie
la librería

le magasin
la tienda

le fleuriste
la florería

le supermarché
el supermercado

le marché
el mercado

le grand magasin
las grandes tiendas

la poissonnerie
la pescadería

le centre commercial
el centro comercial

le port
el puerto

le parc

el parque

la banque

el banco

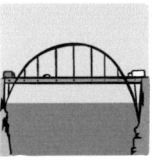

le pont

el puente

les escaliers

las escaleras

le métro

el metro

le tunnel

el túnel

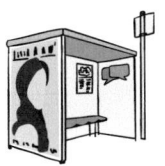

l'arrêt de bus

la parada de autobús

le bar

el bar

le restaurant

el restaurante

la boîte à lettres

el buzón

le panneau indicateur

el letrero

le parcmètre

el parquímetro

le zoo

el zoológico

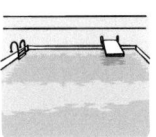

le réverbère

la alberca

la mosquée

la mezquita

la ferme
la granja

la pollution
la contaminación

la cimetière
el cementerio

l'église
la iglesia

l'aire de jeux
el área de niños

le temple
el templo

el paisaje

la feuille
la hoja

le panneau indicateur
la señal

le chemin
el camino

le pré
la pradera

la pierre
la piedra

le randonneur
el caminante

l'arbre
el árbol

la rivière
el río

l'herbe
el pasto

la fleur
la flor

la vallée
el valle

la montagne
la montaña

le lac
el lago

la forêt
el bosque

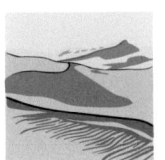

le désert
el desierto

le volcan
el volcán

le château
el castillo

l'arc-en-ciel
el arco iris

le champignon
el champiñón

le palmier
la palmera

le moustique
el mosquito

la mouche
la mosca

les fourmis
la hormiga

l'abeille
la abeja

l'araignée
la araña

le coléoptère

el escarabajo

la grenouille

la rana

l'écureuil

la ardilla

le hérisson

el erizo

le lièvre

la liebre

la chouette

la lechuza

l'oiseau

el pájaro

le cygne

el cisne

le sanglier

el jabalí

le cerf

el ciervo

l'élan

el alce

le barrage

el embalse

l'éolienne

la turbina eólica

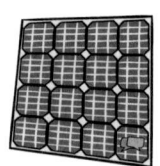

le panneau solaire

el panel solar

le climat

el clima

el restaurante

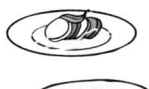

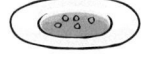

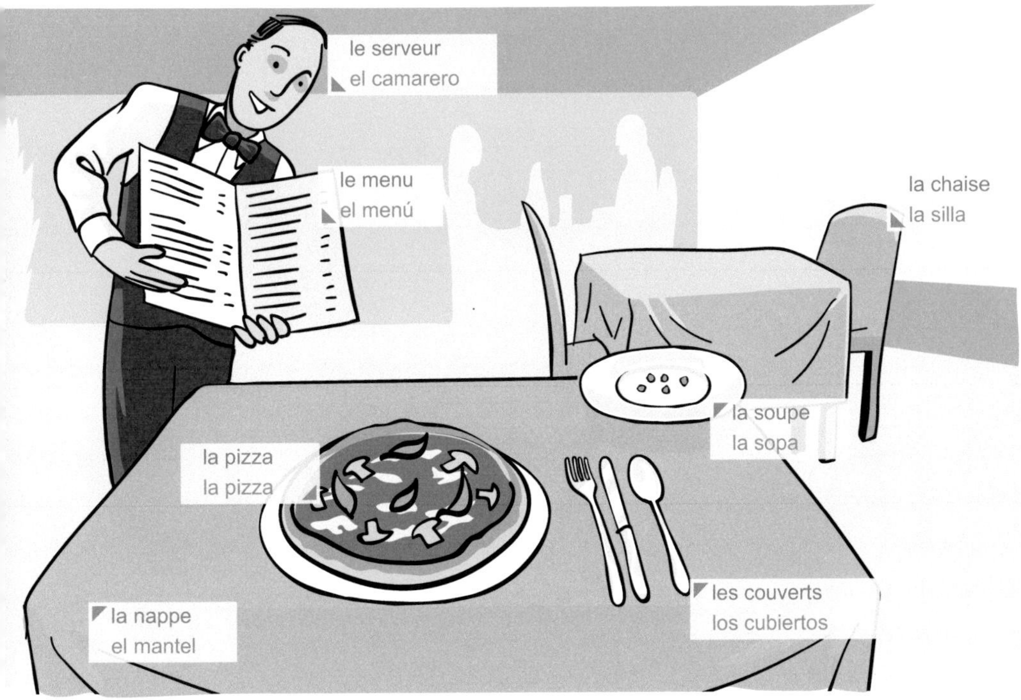
le serveur
el camarero
le menu
el menú
la chaise
la silla
la soupe
la sopa
la pizza
la pizza
les couverts
los cubiertos
la nappe
el mantel

les hors d'œuvre

la entrada

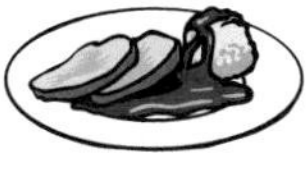

le plat principal

el plato fuerte

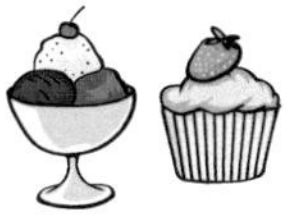

le dessert

el postre

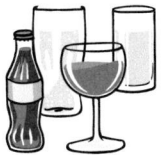

les boissons

las bebidas

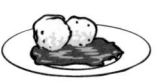

l'alimentation

la comida

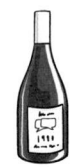

la bouteille

la botella

le fast-food
la comida rápida

les plats à emporter
la comida de la calle

la théière
la tetera

le sucrier
la azucarera

la portion
la porción

la machine à expresso
la cafetera espresso

la chaise haute
la periquera

la facture
la cuenta

le plateau
la charola

le couteau
el cuchillo

la fourchette
el tenedor

la cuillère
la cuchara

la cuillère à thé
la cuchara de té

la serviette
la servilleta

le verre
el vaso

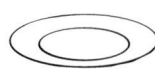

l'assiette

el plato

l'assiette à soupe

el plato hondo

la soucoupe

el plato

la sauce

la salsa

la salière

el salero

le moulin à poivre

el molino para pimienta

le vinaigre

el vinagre

l'huile

el aceite

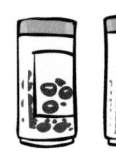

les épices

las especias

le ketchup

el kétchup

la moutarde

la mostaza

la mayonnaise

la mayonesa

el supermercado

l'offre promotionnelle
la oferta especial
FOR
le client
el cliente
les produits laitiers
los productos lácteos
les fruits
la fruta
le chariot
el carrito para compras

BUTCHERS

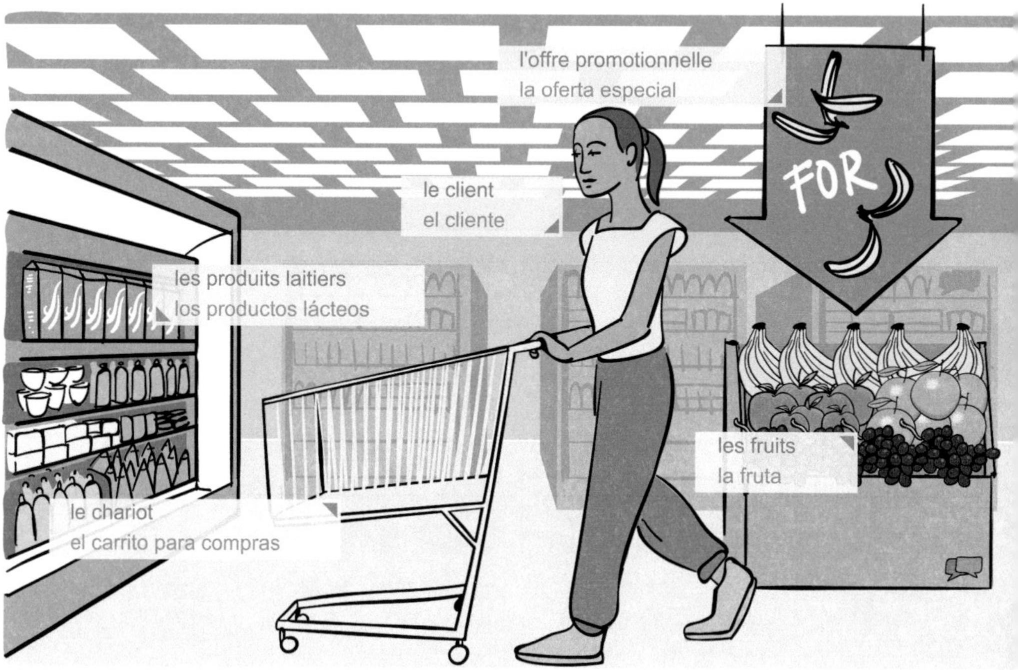

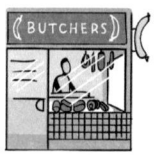

la boucherie

la carnicería

BAKERY

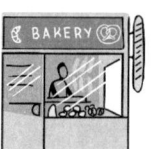

la boulangerie

la panadería

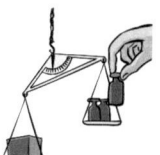

peser

pesar

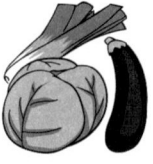

les légumes

los vegetales

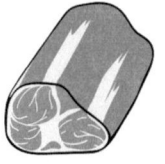

la viande

la carne

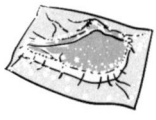

les aliments surgelés

los alimentos congelados

la charcuterie

las carnes frías

les conserves

los alimentos enlatados

la poudre à lessive

el detergente en polvo

les bonbons

los dulces

les articles ménagers

los electrodomésticos

les détergents

productos de limpieza

la vendeuse

la vendedora

la caisse

la caja

le caissier

el cajero

la liste d'achats

la lista de compras

les heures d'ouverture

el horario de atención al público

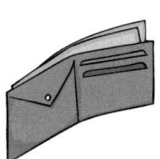

le portefeuille

la cartera

la carte de crédit

la tarjeta de crédito

le sac

la bolsa

le sac en plastique

la bolsa de plástico

l'eau
el agua

le jus de fruit
el jugo

le lait
la leche

le coca
el refresco de cola

le vin
el vino

la bière
la cerveza

l'alcool
el alcohol

le chocolat chaud
el cacao

le thé
el té

le café
el café

l'expresso
el espresso

le cappuccino
el cappuccino

la banane

el plátano

la pomme

la manzana

l'orange

la naranja

le melon

el melón

le citron.

el limón

la carotte

la zanahoria

l'ail

el ajo

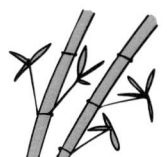

le bambou

el bambú

l'oignon

la cebolla

le champignon

el champiñón

les noisettes

las nueces

les pâtes

los fideos

les spaghetti

los espaguetis

le riz

el arroz

la salade

la ensalada

les pommes frites

las patatas fritas

les pommes de terre rôties

las patatas fritas

la pizza

la pizza

le hamburger

la hamburguesa

le sandwich

el emparedado

l'escalope

el filete

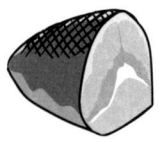

le jambon

el jamón

le salami

el salami

la saucisse

la salchicha

le poulet

el pollo

le rôti

el asado

le poisson

el pescado

les flocons d'avoine

los copos de avena

le muesli

el muesli

les cornflakes

los copos de maíz

la farine

la harina

le croissant

el cuernito

les petits-pains

el bolillo

le pain

el pan

le pain grillé

la tostada

les biscuits

las galletas

le beurre

la mantequilla

le fromage blanc

la cuajada

le gâteau

el pastel

l'œuf

el huevo

l'œuf au plat

el huevo frito

le fromage

el queso

la glace
....
el helado

le sucre
....
el azúcar

le miel
....
la miel

la confiture
....
la mermelada

la crème nougat
....
la crema de chocolate

le curry
....
el curry

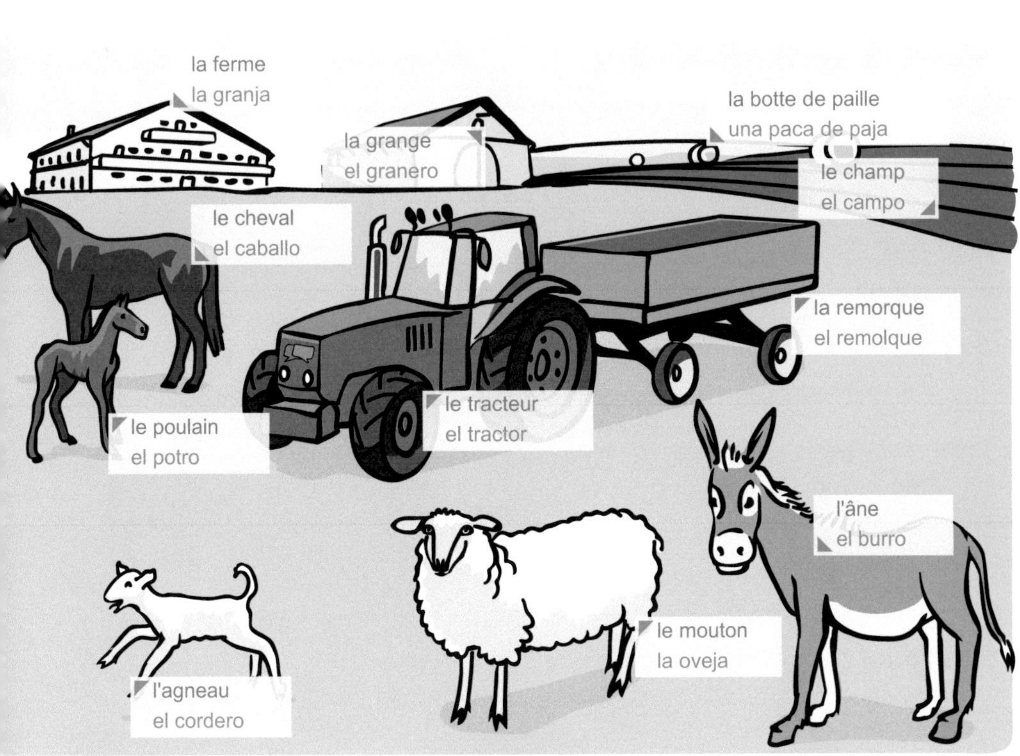

la ferme
la granja

la grange
el granero

la botte de paille
una paca de paja

le champ
el campo

le cheval
el caballo

la remorque
el remolque

le poulain
el potro

le tracteur
el tractor

l'âne
el burro

le mouton
la oveja

l'agneau
el cordero

la chèvre
la cabra

la vache
la vaca

le veau
el ternero

le porc
el cerdo

le porcelet
el lechón

le taureau
el toro

l'oie

el ganso

le canard

el pato

le poussin

el pollo

la poule

la gallina

le coq

el gallo

le rat

la rata

le chat

el gato

la souris

el ratón

le bœuf

el buey

le chien

el perro

le chenil

la casa del perro

le tuyau de jardin

la manguera

l'arrosoir

la regadera

la faucheuse

la guadaña

la charrue

el arado

la faucille
la hoz

la pioche
el azadón

la fourche
la horquilla

la hache
el hacha

la brouette
la carretilla

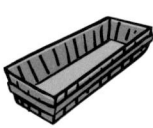

la cuve
el bebedero

le pot à lait
el bote de leche

le sac
el saco

la clôture
la valla

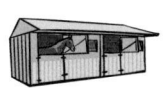

l'étable
el establo

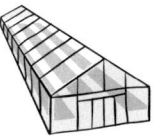

le serre
el invernadero

le sol
el suelo

les semences
la semilla

l'engrais
el fertilizador

la moissonneuse-batteuse
la cosechadora

récolter

cosechar

la récolte

la cosecha

l'igname

el camote

le blé

el trigo

le soja

la soja

la pomme de terre

la patata

le maïs

el maíz

le colza

la semilla de colza

l'arbre fruitier

el árbol frutal

le manioc

la mandioca

les céréales

las cereales

la cheminée
la chimenea

le toit
el tejado

la gouttière
el canalón

la fenêtre
la ventana

la porte
la puerta

la poubelle
el bote de basura

la boîte aux lettres
el buzón

le jardin
el jardín

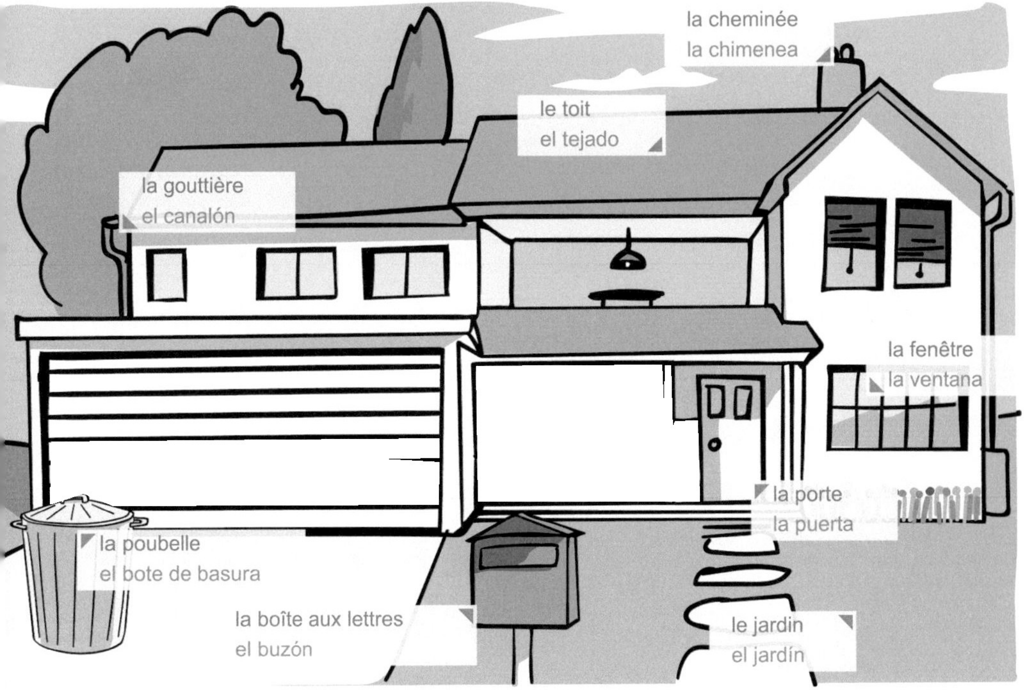

le salon
la estancia

la salle de bain
el baño

la cuisine
la cocina

la chambre à coucher
la recámara

la chambre d'enfant
la recámara de los niños

la salle à manger
el comedor

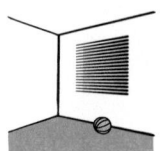

le sol
el suelo

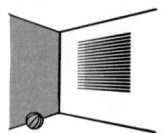

le mur
la pared

le plafond
el techo

la cave
el sótano

le sauna
el sauna

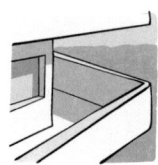

le balcon
el balcón

la terrasse
la terraza

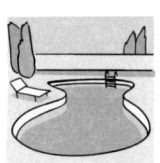

la piscine
la alberca

la tondeuse à gazon
el cortacésped

la housse
la sábana

la couette
la colcha

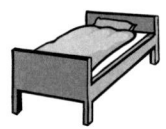

le lit
la cama

le balai
la escoba

le sceau
el balde

l'interrupteur
el interruptor

le papier peint
el papel para empapelar

la lampe
la lámpara

l'image
la imagen

l'étagère
el estante

l'armoire
la alacena

la cheminée
la chimenea

la télé
la televisión

la fleur
la flor

le coussin
el cojín

le sofa
el sofá

le vase
el florero

la télécommande
el control remoto

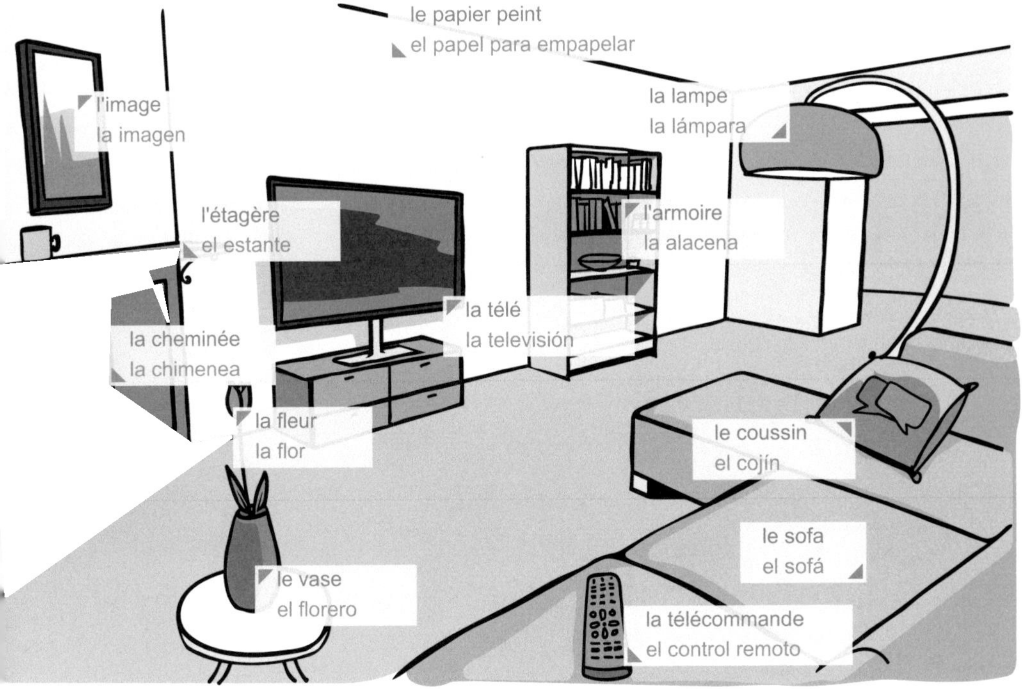

le tapis
....
la alfombra

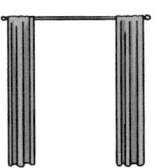

le rideau
....
la cortina

la table
....
la mesa

la chaise
....
la silla

la chaise à bascule
....
la mecedora

le fauteuil
....
el sillón

le salon - la estancia

33

le livre

el libro

la couverture

la frazada

la décoration

la decoración

le bois de chauffage

la leña

le film

la película

la chaîne hi-fi

el equipo de música

la clé

la llave

le journal

el periódico

la peinture

la pintura

le poster

el póster

la radio

la radio

le bloc-notes

el cuaderno

l'aspirateur

la aspiradora

le cactus

el cactus

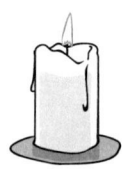

la bougie

la vela

le réfrigérateur
el refrigerador

le four à micro-ondes
el microondas

la balance de cuisine
la báscula de cocina

le grille-pain
la tostadora

le détergent
el detergente

le compartiment congélateur
el congelador

le four
el horno

la poubelle
el bote de basura

le lave-vaisselle
el lavavajillas

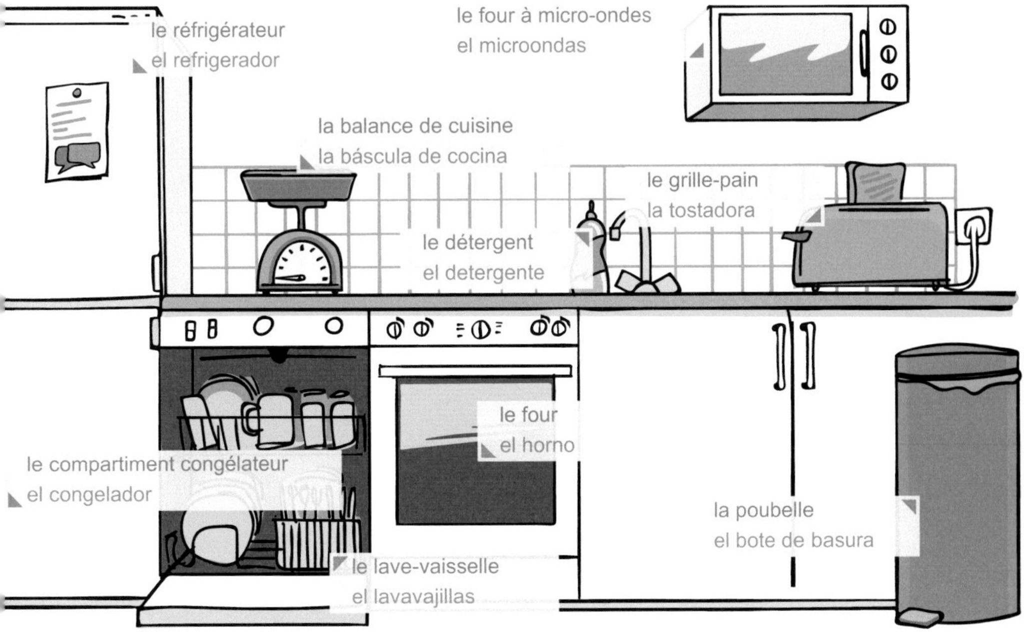

le four
la olla a presión

la casserole
la olla

la marmite
la olla de hierro fundido

le wok / kadai
el wok

la poêle
la sartén

la bouilloire electrique
el hervidor

le cuiseur vapeur

la vaporera

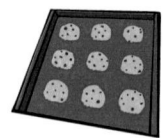

la plaque de cuisson

la charola de horno

la vaisselle

la loza

le gobelet

la taza

la coupe

el bol

les baguettes

los palillos

la louche

el cucharón

la spatule

la espátula

le fouet

la batidora

la passoire

el colador

le tamis

el colador

la râpe

el rallador

le mortier

el mortero

le barbecue

la barbacoa

la cheminée

la fogata

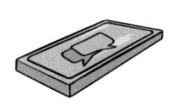

la planche à découper

la tabla para picar

le rouleau à pâtisserie

el rodillo para amasar

le tire-bouchon

el sacacorchos

la boîte

la lata

l'ouvre-boîte

el abrelatas

les maniques

el guante de cocina

le lavabo

el fregadero

la brosse

el cepillo

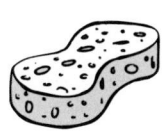

l'éponge

la esponja

le mixeur

la batidora

le congélateur

el congelador

le biberon

el biberón

le robinet

la llave

le chauffage
la calefacción

la douche
la ducha

la serviette
la toalla

le rideau de douche
la cortina de la ducha

le bain moussant
el baño de espuma

la baignoire
la tina

le verre
el vaso

la machine à laver
la lavadora

le robinet
la llave

le carrelage
las baldosas

le pot
la bacinica

le lavabo
el fregadero

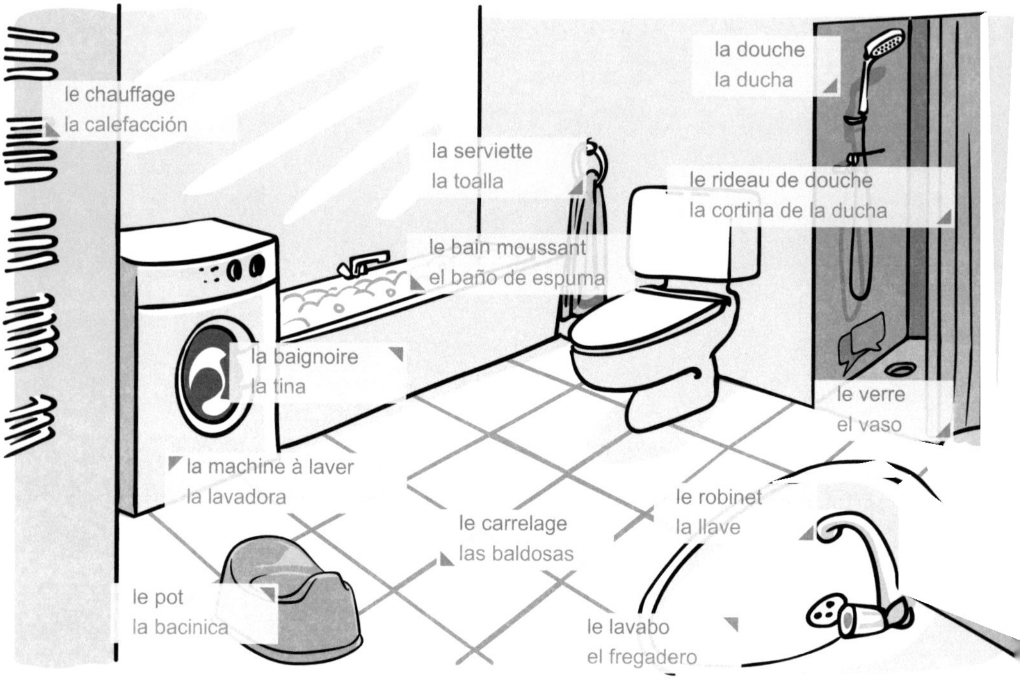

les toilettes

el inodoro

la toilette à la turque

la letrina

le bidet

el bidé

l'urinoir

el mingitorio

le papier toilette

el papel higiénico

la brosse à toilette

el cepillo para baño

la brosse à dents

el cepillo de dientes

le dentifrice

la pasta dental

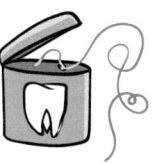

le fil dentaire

el hilo dental

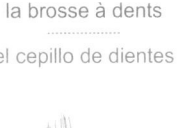

laver

lavar

la douche manuelle

la ducha de mano

la douche intime

la ducha vaginal

la vasque

el fregadero

la brosse dorsale

el cepillo de espalda

le savon

el jabón

le gel douche

el gel de ducha

le shampooing

el champú

le gant de toilette

la toallita

l'écoulement

el drenaje

la crème

la crema

le déodorant

el desodorante

le miroir
el espejo

le miroir cosmétique
el espejo de tocador

le rasoir
la máquina para afeitar

la mousse à raser
la espuma de afeitar

l'après-rasage
la loción para después de afeitar

la peigne
el peine

la brosse
el cepillo

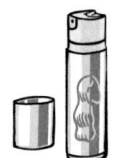

le sèche-cheveux
la secadora

la laque pour cheveux
la laca

le fond de teint
el maquillaje

le rouge à lèvres
el lápiz labial

le vernis à ongles
el esmalte para uñas

l'ouate
el algodón

le coupe-ongles
las tijeras para uñas

le parfum
el perfume

la trousse de toilette

el estuche para cosméticos

le tabouret

el taburete

le pèse-personne

la báscula

le peignoir

la bata

les gants de nettoyage

los guantes de goma

le tampon

el tampón

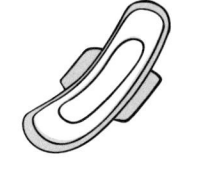

les serviettes hygiéniques

la toalla sanitaria

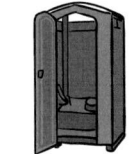

la toilette chimique

el baño móvil

la recámara de los niños

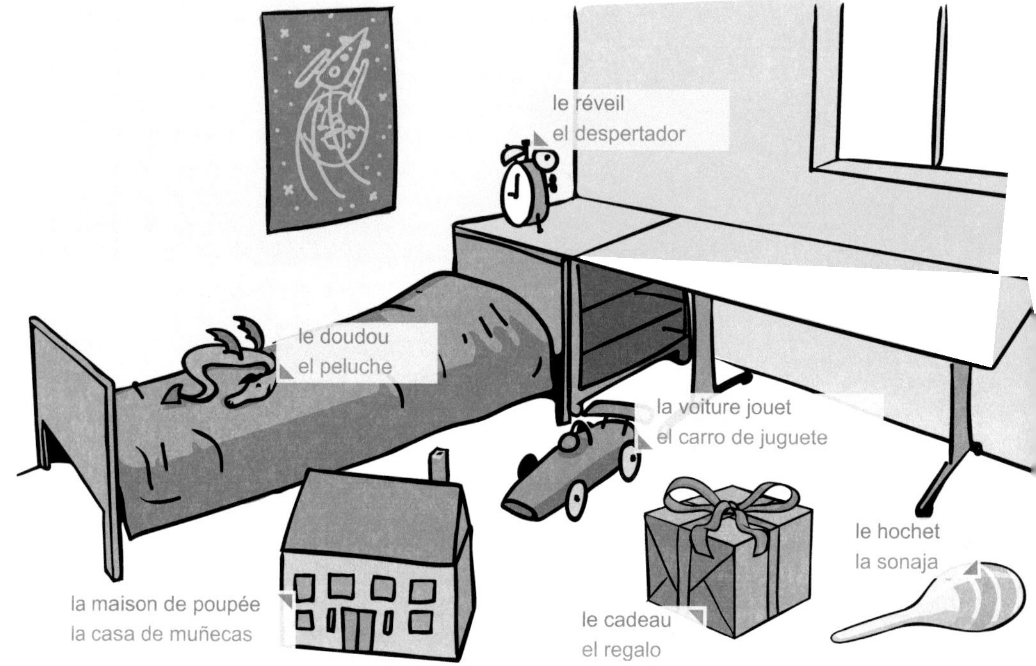
le réveil
el despertador
le doudou
el peluche
la voiture jouet
el carro de juguete
le hochet
la sonaja
la maison de poupée
la casa de muñecas
le cadeau
el regalo

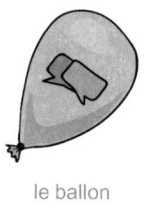

le ballon

el globo

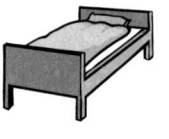

le lit

la cama

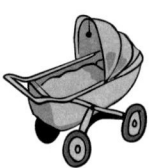

la poussette

la carriola

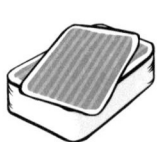

le jeu de cartes

las cartas

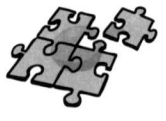

le puzzle

el rompecabezas

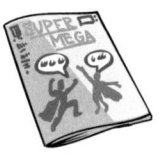

la bande dessinée

el cómic

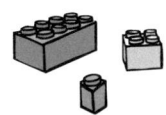

les pièces lego

las piezas de lego

les blocs de construction

los bloques para jugar

la figurine

la figura de acción

la grenouillère

el mameluco

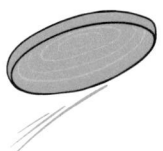

le frisbee

el frisbee

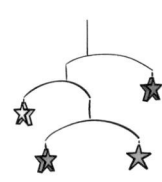

le mobile

el móvil para bebés

le jeu de société

el juego de mesa

le dé

los dados

le train miniature

el tren eléctrico

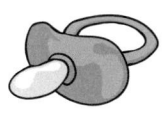

la sucette

el maniquí

la fête

la fiesta

le livre d'images

el álbum de fotos

la balle

el balón

la poupée

la muñeca

jouer

jugar

le bac à sable

el arenero

la balançoire

el columpio

les jouets

los juguetes

la console de jeu

la consola de videojuegos

le tricycle

el triciclo

l'ours en peluche

el oso de peluche

l'armoire

el clóset

la ropa

les chaussettes

los calcetines

les bas

las pantimedias

le collant

las mallas

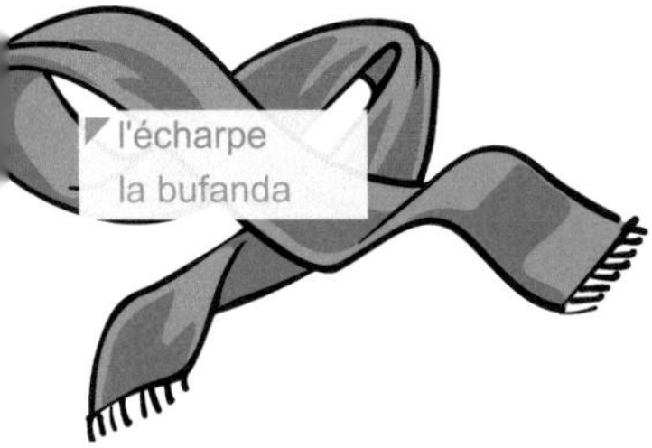

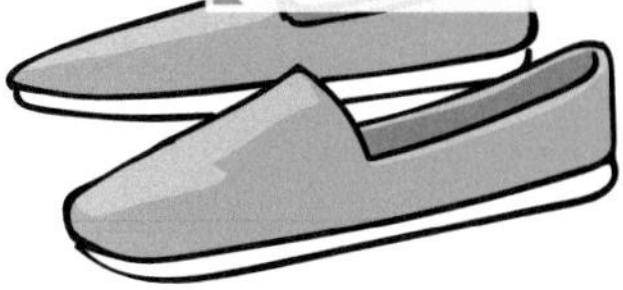

l'écharpe
la bufanda

le parapluie
el paraguas

le t-shirt
la playera

la ceinture
el cinto

les bottes
las botas

les pantoufles
las chanclas

les baskets
los tenis

les sandales
las sandalias

les chaussures
los zapatos

les bottes de caoutchouc
las botas de goma

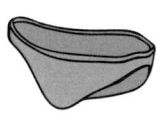
les sous-vêtements
la ropa interior

le soutien-gorge
el brasier

le maillot de corps
el chaleco

le body
el body

le pantalon
los pantalones

le jean
los pantalones de mezclilla

la jupe
la falda

le chemisier
la blusa

la chemise
la camisa

le pull
el suéter

le sweat à capuche
la sudadera

la veste
el saco sport

la veste
la chamarra

le manteau
el abrigo

l'imperméable
el impermeable

le costume
el traje

la robe
el vestido

la robe de mariée
el vestido de novia

le costume

el traje

la chemise de nuit

el camisón

le pyjama

el pijama

le sari

el sari

le foulard

el pañuelo para la cabeza

le turban

el turbante

la burqa

la burka

le caftan

el caftán

l'abaya

la abaya

le maillot de bain

el traje de baño

le maillot de bain

el short de baño

le short

los shorts

la tenue d'entraînement

los pants

le tablier

el delantal

les gants

los guantes

le bouton

el botón

les lunettes

las gafas

le bracelet

el brazalete

le collier

el collar

la bague

el anillo

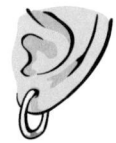

la boucle d'oreille

el arete

le bonnet

la gorra

le cintre

el gancho

le chapeau

el sombrero

la cravate

la corbata

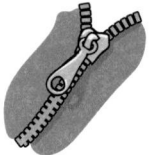

la fermeture éclair

el cierre

le casque

el casco

les bretelles

los tirantes

l'uniforme scolaire

el uniforme

l'uniforme

el uniforme

le bavoir

el babero

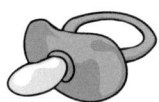

la sucette

el maniquí

la lange

el pañal

le serveur
el servidor

l'armoire d'archivage
el archivo

le papier
el papel

l'imprimante
...sora

l'écran
el monitor

la souris
el mouse

le clavier
el teclado

la corbeille à papier
el bote de basura

...ordinateur
la computadora

la chaise
la silla

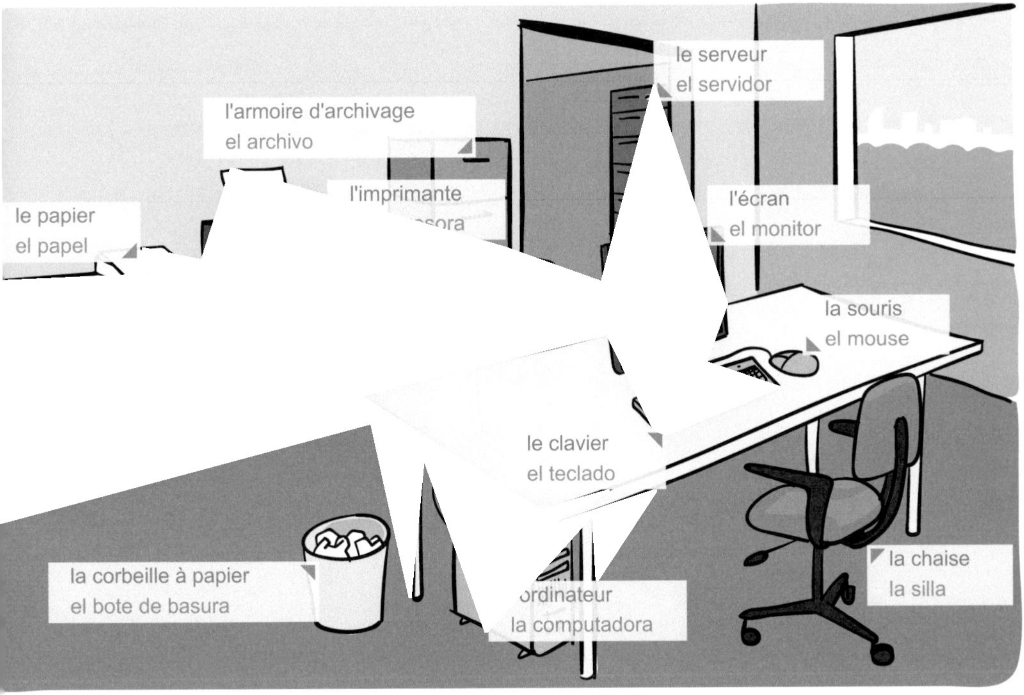

la tasse de café

la taza de café

la calculatrice

la calculadora

l'internet

el internet

l'ordinateur portable
la notebook

la lettre
la carta

le message
el mensaje

le portable
el móvil

le réseau
la red

la photocopieuse
la fotocopiadora

le logiciel
el software

le téléphone
el teléfono

la prise
el tomacorriente

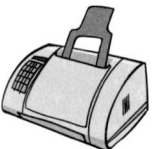

le fax
el fax

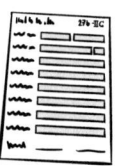

le formulaire
el formulario

le document
el documento

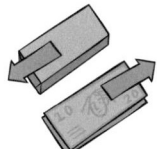

acheter

comprar

payer

pagar

faire du commerce

hacer negocios

la monnaie

el dinero

le dollar

el dólar

l'euro

el euro

le yen

el yen

le rouble

el rublo

le franc suisse

el franco suizo

le renminbi yuan

el yuan

la roupie

la rupia

le distributeur automatique

el cajero automático

le bureau de change

la casa de cambio

l'or

el oro

l'argent

la plata

le pétrole

el petróleo

l'énergie

la energía

le prix

el precio

le contrat

el contrato

la taxe

el impuesto

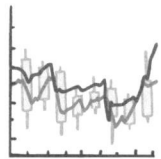

l'action

la acción

travailler

trabajar

l'employé

el empleado

l'employeur

el empleador

l'usine

la fábrica

le magasin

la tienda

las ocupaciones

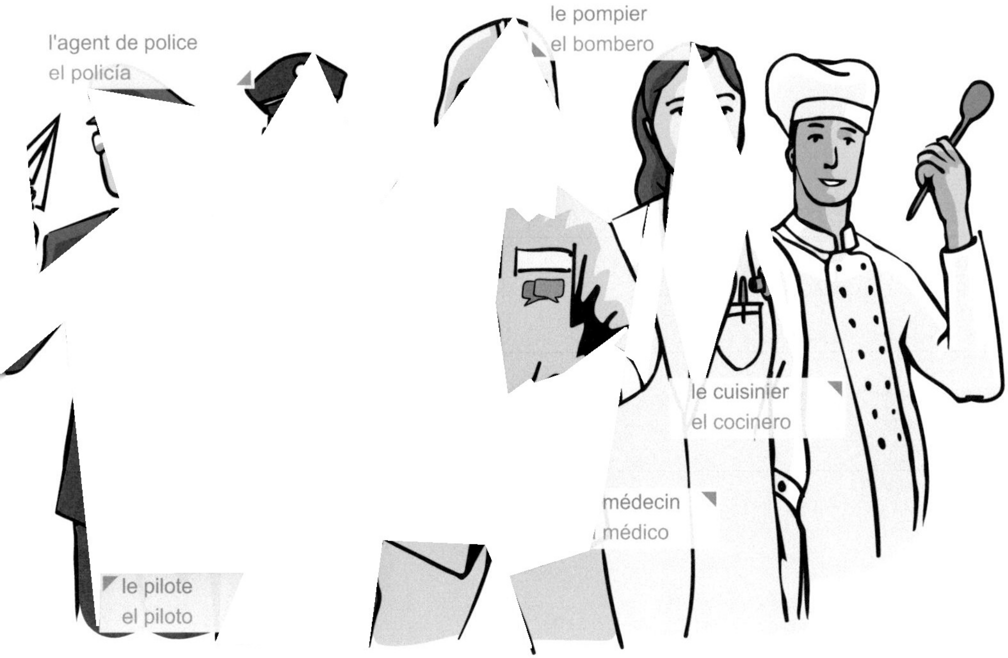
l'agent de police
el policía
le pompier
el bombero
le cuisinier
el cocinero
médecin
médico
le pilote
el piloto

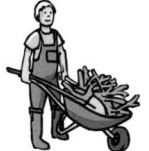

le jardinier
el jardinero

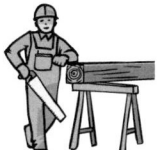

le menuisier
el carpintero

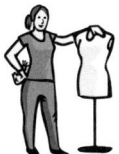

la couturière
la costurera

le juge
el juez

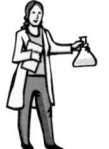

le chimiste
el farmacéutico

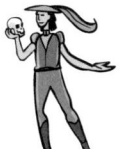

l'acteur
el actor

le conducteur de bus

el conductor de autobús

le chauffeur de taxi

el taxista

le pêcheur

el pescador

la femme de ménage

la señora de la limpieza

le couvreur

el instalador de techos

le serveur

el camarero

le chasseur

el cazador

le peintre

el pintor

le boulanger

el panadero

l'électricien

el electricista

l'ouvrier

el obrero

l'ingénieur

el ingeniero

le boucher

el carnicero

le plombier

el plomero

le facteur

el cartero

le soldat
el soldado

l'architecte
el arquitecto

le caissier
el cajero

le fleuriste
el florista

le coiffeur
el peluquero

le contrôleur
el cobrador

le mécanicien
el mecánico

le capitaine
el capitán

le dentiste
el dentista

le scientifique
el científico

le rabbin
el rabino

l'imam
el imán

le moine
el monje

le prêtre
el sacerdote

las herramientas

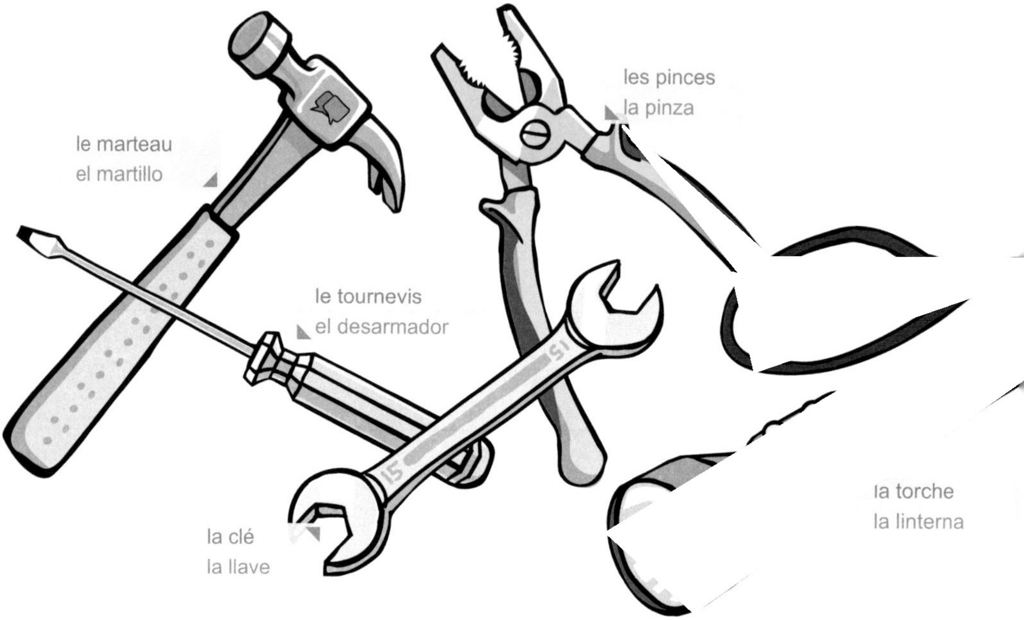

le marteau
el martillo

les pinces
la pinza

le tournevis
el desarmador

la clé
la llave

la torche
la linterna

la pelleteuse

la excavadora

la boîte à outils

la caja de herramientas

l'échelle

la escalera de mano

la scie

la sierra

les clous

los clavos

la perceuse

el taladro

réparer

reparar

la pelle

la pala

Mince !

¡Maldición!

la pelle

el recogedor

le pot de peinture

el bote de pintura

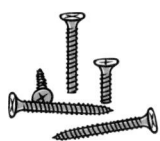

les vis

los tornillos

los instrumentos musicales

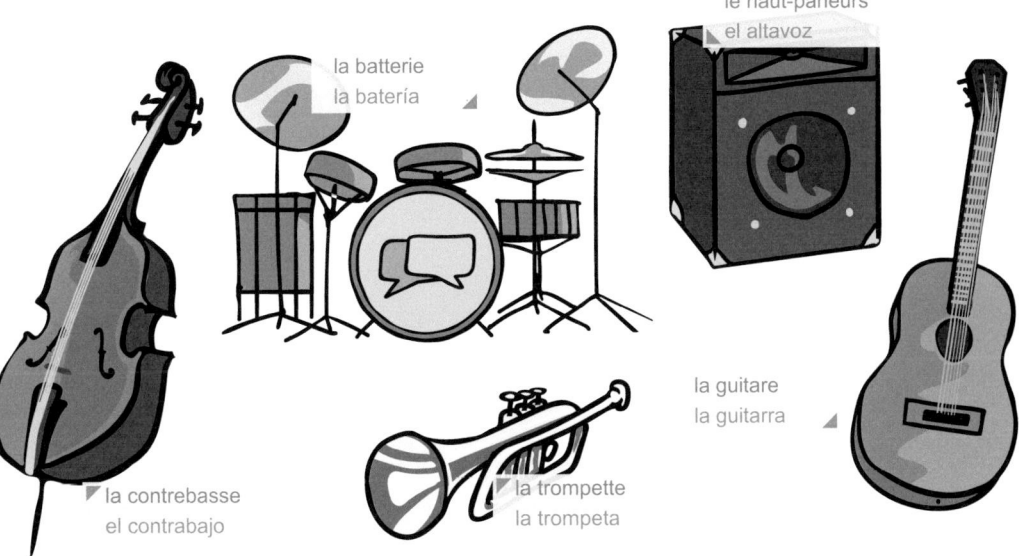

le haut-parleurs
el altavoz

la batterie
la batería

la guitare
la guitarra

la contrebasse
el contrabajo

la trompette
la trompeta

le piano

el piano

le violon

el violín

la basse

el bajo

les timbales

los timbales

le tambour

el tambor

le piano électrique

el teclado

le saxophone

el saxofón

la flûte

la flauta

le microphone

el micrófono

le tigre
el tigre

la cage
la jaula

le zèbre
la cebra

l'alimentation animale
el alimento para animales

l'entrée
la entrada

le panda
el oso panda

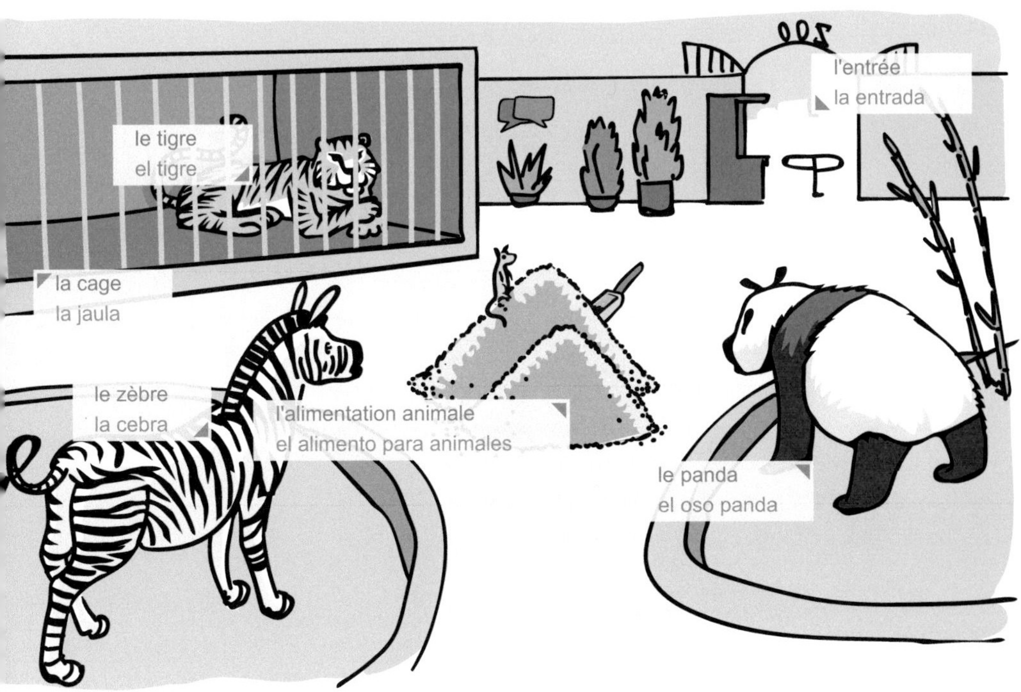

les animaux

los animales

l'éléphant

el elefante

le kangourou

el canguro

le rhinocéros

el rinoceronte

le gorille

el gorila

l'ours

el oso

le zoo - el zoológico

le chameau

el camello

l'autruche

el avestruz

le lion

el león

le singe

el mono

le flamand rose

el flamenco

le perroquet

el loro

l'ours polaire

el oso polar

le pingouin

el pingüino

le requin

el tiburón

le paon

el pavo real

le serpent

la serpiente

le crocodile

el cocodrilo

le gardien de zoo

el guardián de zoológico

le phoque

la foca

le jaguar

el jaguar

le zoo - el zoológico

le poney

el poni

le léopard

el leopardo

l'hippopotame

el hipopótamo

la girafe

la jirafa

l'aigle

el águila

le sanglier

el jabalí

le poisson

el pescado

la tortue

la tortuga

le morse

la morsa

le renard

el zorro

la gazelle

la gacela

l'american Football
el fútbol americano

le cyclisme
el ciclismo

le tennis
el tenis

le basket-ball
el baloncesto

la natation
la natación

la boxe
el boxeo

le hockey sur glace
el hockey sobre hielo

le football
el fútbol

le badminton
el bádminton

l'athlétisme
el atletismo

le handball
el handball

le ski
el esquí

le polo
el polo

sauter
saltar

embrasser
abrazar

rire
reír

marcher
caminar

chanter
cantar

rêver
soñar

prier
rezar

faire la bise
besar

écrire
escribir

dessiner
dibujar

montrer
mostrar

pousser
empujar

donner
dar

prendre
tomar

avoir

tener

faire

hacer

être

ser

être debout

estar parado

courir

correr

trier

jalar

jeter

arrojar

tomber

caer

être couché

estar acostado

attendre

esperar

porter

llevar

être assis

estar sentado

s'habiller

vestirse

dormir

dormir

se réveiller

despertar

regarder
mirar

pleurer
llorar

caresser
acariciar

peigner
peinar

parler
hablar

comprendre
entender

demander
preguntar

écouter
escuchar

boire
beber

manger
comer

ranger
ordenar

aimer
amar

cuire
cocinar

conduire
conducir

voler
volar

faire de la voile

navegar

calculer

calcular

lire

leer

apprendre

aprender

travailler

trabajar

se marier

casarse

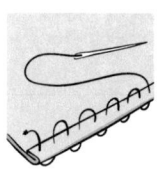

coudre

coser

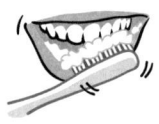

brosser les dents

cepillarse los dientes

tuer

matar

fumer

fumar

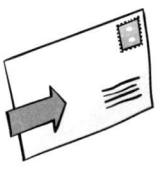

envoyer

enviar

grand-mère
abuela

le grand-père
el abuelo

le père
el padre

la mère
la madre

le bébé
el bebé

la fille
la hija

le fils
el hijo

l'hôte

el invitado

la tante

la tía

l'oncle

el tío

le frère

el hermano

la sœur

la hermana

la famille - la familia

el cuerpo

le front
la frente
l'œil
el ojo
l'épaule
el hombro
le doigt
el dedo
le visage
la cara
le menton
la barbilla
la main
la mano
la jambe
la pierna
la poitrine
el pecho
le bras
el brazo

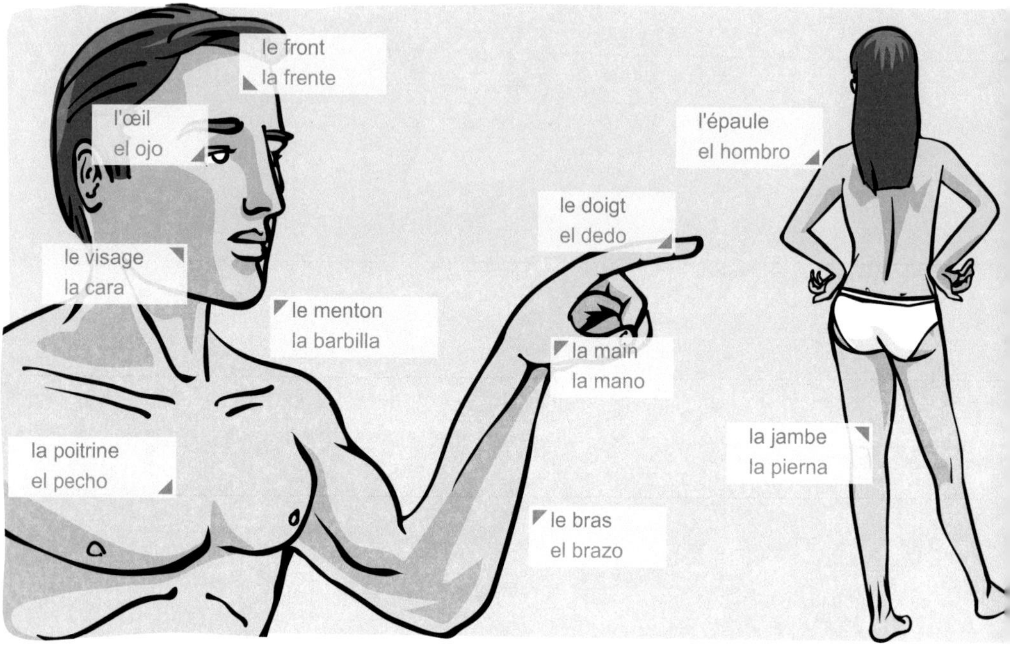

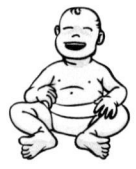

le bébé

el bebé

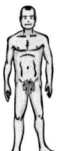

l'homme

el hombre

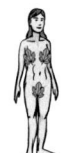

la femme

la mujer

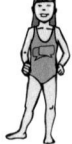

la fille

la niña

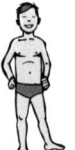

le garçon

el niño

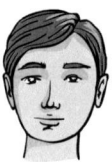

la tête

la cabeza

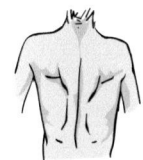

le dos

la espalda

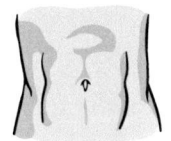

le ventre

la barriga

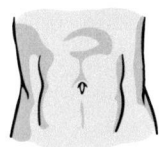

le nombril

el ombligo

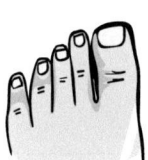

l'orteil

el dedo del pie

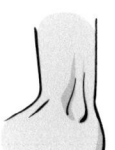

le talon

el talón

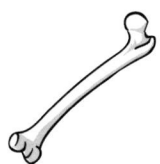

l'os

el hueso

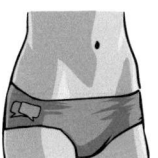

la hanche

la cadera

le genou

la rodilla

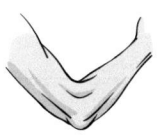

le coude

el codo

le nez

la nariz

les fesses

las pompis

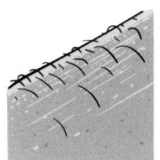

la peau

la piel

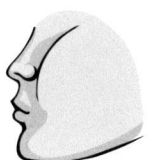

la joue

la mejilla

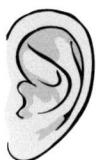

l'oreille

el oído

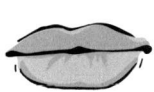

la lèvre

el labio

la bouche
la boca

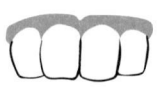

la dent
el diente

la langue
la lengua

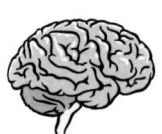

le cerveau
el cerebro

le cœur
el corazón

le muscle
el músculo

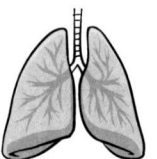

les poumons
el pulmón

le foie
el hígado

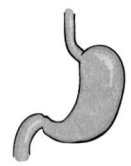

l'estomac
el estómago

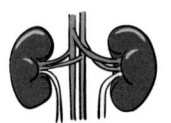

les reins
los riñones

le rapport sexuel
el sexo

le préservatif
el condón

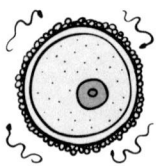

l'ovule
el óvulo

le sperme
el semen

la grossesse
el embarazo

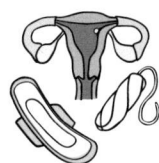

la menstruation

la menstruación

le vagin

la vagina

le pénis

el pene

le sourcil

la ceja

les cheveux

el cabello

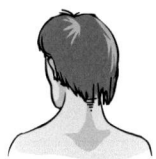

le cou

el cuello

el hospital

l'hôpital
el hospital
l'ambulance
la ambulancia
le fauteuil roulant
la silla de ruedas
la fracture
la fractura

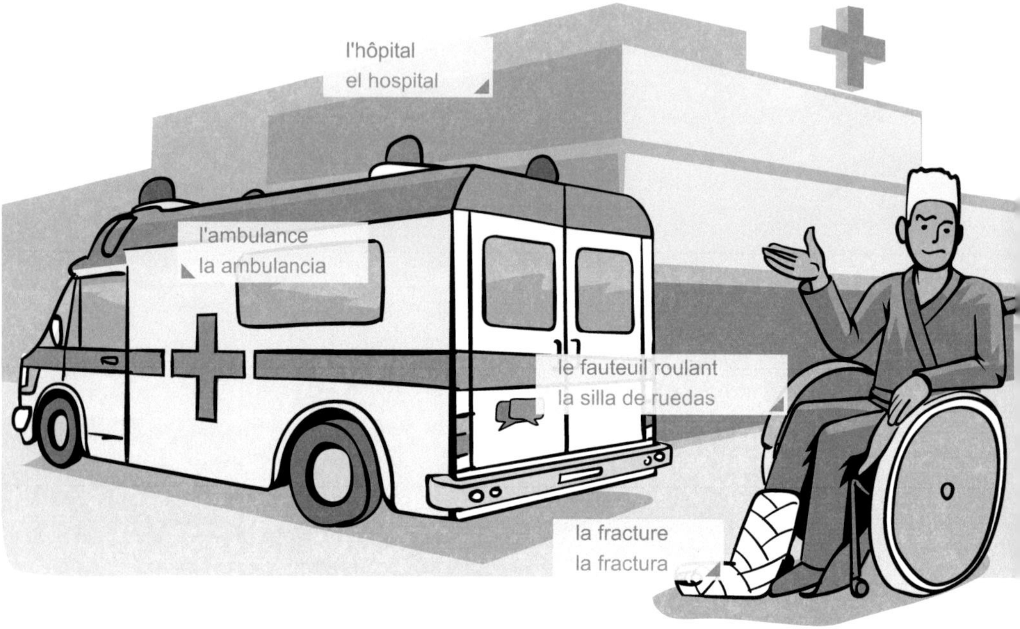

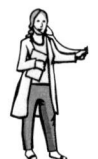

le médecin

el médico

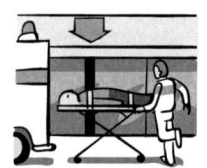

le service des urgences

la sala de emergencias

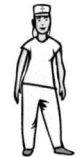

l'infirmière

la enfermera

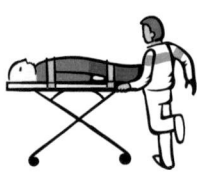

l'urgence

la emergencia

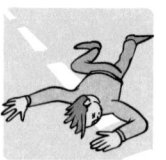

inconscient

inconsciente

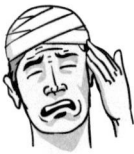

la douleur

el dolor

la blessure

la lesión

l'hémorragie

la hemorragia

la crise cardiaque

el infarto

l'attaque cérébrale

el accidente
cerebrovascular

l'allergie

la alergia

la toux

la tos

la fièvre

la fiebre

la grippe

la gripa

la diarrhée

la diarrea

le mal de tête

el dolor de cabeza

le cancer

el cáncer

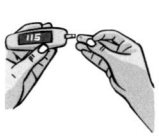

le diabète

la diabetes

le chirurgien

el cirujano

le scalpel

el bisturí

l'opération

la operación

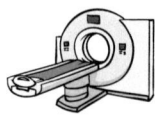

le CT

TC

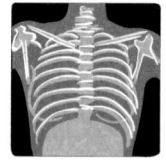

la radiographie

los rayos x

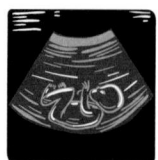

l'échographie

el ultrasonido

le masque

la mascarilla

la maladie

la enfermedad

la salle d'attente

la sala de espera

la béquille

la muleta

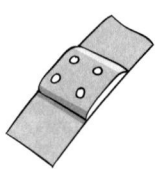

le pansement

la vendita

le pansement

el vendaje

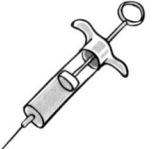

l'injection

la inyección

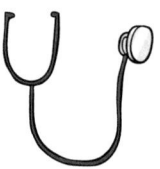

le stéthoscope

el estetoscopio

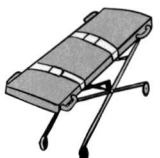

le brancard

la camilla

le thermomètre

el termómetro

l'accouchement

el nacimiento

la surcharge pondérale

el sobrepeso

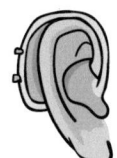

l'appareil auditif

el audífono

le désinfectant

el desinfectante

l'infection

la infección

le virus

el virus

le VIH / le sida

VIH / SIDA

le médicament

la medicina

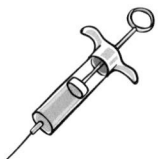

la vaccination

la vacunación

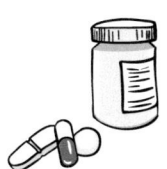

les comprimés

las tabletas

la pilule

la pastilla anticonceptiva

l'appel d'urgence

la llamada de emergencia

le tensiomètre

el medidor de presión

malade / sain

enfermo / sano

Au secours !
¡Socorro!

l'alarme
la alarma

l'assaut
la agresión

l'attaque
el ataque

le danger
el peligro

la sortie de secours
la salida de emergencia

Au feu!
¡Fuego!

l'extincteur
el extintor de incendios

l'accident
el accidente

la trousse de premier
secours
el botiquín de primeros
auxilios

SOS
SOS

la police
la policía

l'Europe

Europa

l'Amérique du Nord

Norteamérica

l'Amérique du Sud

Sudamérica

l'Afrique

África

l'Asie

Asia

l'Australie

Australia

l'Océan atlantique

el Atlántico

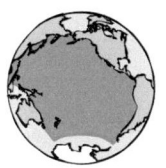

l'Océan pacifique

el Pacífico

l'Océan indien

el Océano Índico

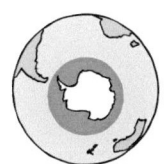

l'Océan antarctique

el Océano Antártico

l'Océan arctique

el Océano Ártico

le Pôle nord

el polo norte

le Pôle sud

el polo sur

l'Antarctique

la Antártida

la terre

la tierra

le pays

la tierra

la mer

el mar

l'île

la isla

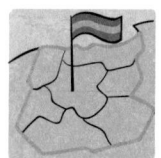

la nation

la nación

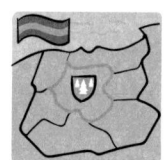

l'état

el estado

le cadran

la esfera

l'aiguille des heures

la manecilla de las horas

l'aiguille des minutes

el minutero

l'aiguille des secondes

el segundero

Quelle heure est-il ?

¿Qué hora es?

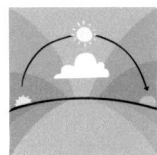

le jour

el día

le temps

la hora

maintenant

ahora

la montre digitale

el reloj digital

la minute

el minuto

l'heure

la hora

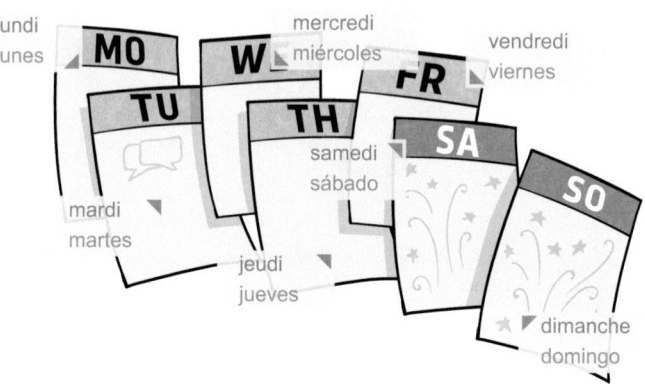

lundi / lunes
mardi / martes
mercredi / miércoles
jeudi / jueves
vendredi / viernes
samedi / sábado
dimanche / domingo

hier
ayer

aujourd'hui
hoy

demain
mañana

le matin
la mañana

le midi
el mediodía

le soir
la tarde

MO	TU	WE	TH	FR	SA	SU
1	2	3	4	5	6	7
8	9	10	11	12	13	14
15	16	17	18	19	20	21
22	23	24	25	26	27	28
29	30	31	1	2	3	4

les jours ouvrables
los días laborables

MO	TU	WE	TH	FR	SA	SU
1	2	3	4	5	6	7
8	9	10	11	12	13	14
15	16	17	18	19	20	21
22	23	24	25	26	27	28
29	30	31	1	2	3	4

le week-end
el fin de semana

la pluie
la lluvia

l'arc-en-ciel
el arco iris

la neige
la nieve

le vent
el viento

le printemps
la primavera

l'automne
el otoño

l'été
el verano

l'hiver
el invierno

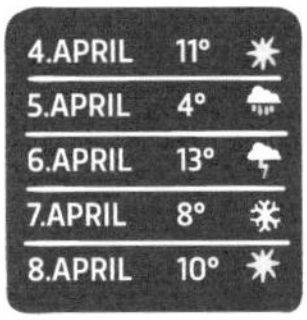

4.APRIL	11°	☀
5.APRIL	4°	☁
6.APRIL	13°	☔
7.APRIL	8°	❄
8.APRIL	10°	☀

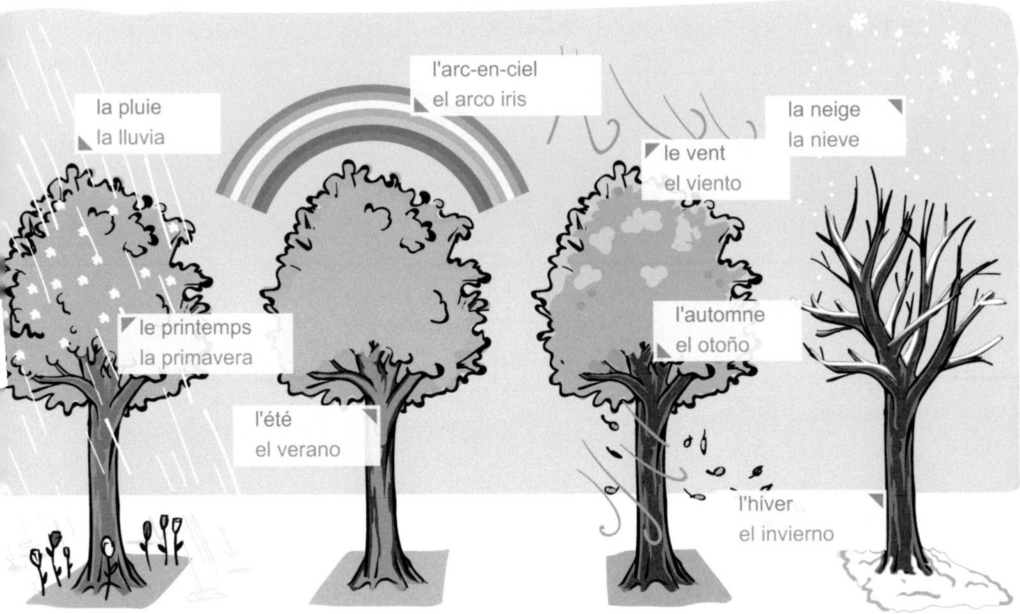

la météo

el pronóstico del tiempo

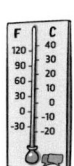

le thermomètre

el termómetro

la lumière du soleil

el sol

le nuage

la nube

le brouillard

la niebla

l'humidité

la humedad

la foudre

el rayo

la tonnerre

el trueno

la tempête

la tormenta

la grêle

el granizo

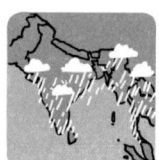

la mousson

el monzón

l'inondation

la inundación

la glace

el hielo

janvier

enero

février

febrero

mars

marzo

avril

abril

mai

mayo

juin

junio

juillet

julio

août

agosto

septembre
septiembre

octobre
octubre

novembre
noviembre

décembre
diciembre

las formas

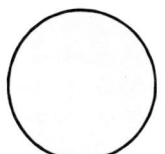

le cercle
el círculo

le carré
el cuadrado

le rectangle
el rectángulo

le triangle
el triángulo

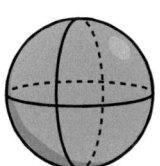

la sphère
la esfera

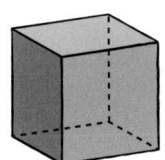

le cube
el cubo

blanc

blanco

jaune

amarillo

orange

naranja

rose

rosa

rouge

rojo

violet

morado

bleu

azul

vert

verde

marron

marrón

gris

gris

noir

negro

beaucoup / peu

mucho / poco

fâché / calme

enojado / tranquilo

joli / laid

bonito / feo

le début / la fin

principio / fin

grand / petit

grande / pequeño

clair / obscure

claro / oscuro

frère / soeur

el hermano / la hermana

propre / sale

limpio / sucio

complet / incomplet

completo / incompleto

le jour / la nuit

el día / la noche

mort / vivant

muerto / vivo

large / étroit

ancho / angosto

comestible / incomestible

comestible / no comestible

méchant / gentil

malo / amable

excité / ennuyé

entusiasmado / aburrido

gros / mince

gordo / delgado

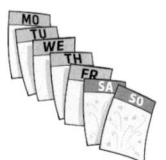

le premier / le dernier

primero / último

l'ami / l'ennemi

el amigo / el enemigo

plein / vide

lleno / vacío

dur / souple

duro / blando

lourd / léger

pesado / ligero

faim / soif

el hambre / la sed

malade / sain

enfermo / sano

illégal / légal

ilegal / legal

intelligent / stupide

inteligente / tonto

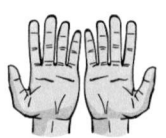

gauche / droite

izquierda / derecha

proche / loin

cerca / lejos

les oppositions - los opuestos

nouveau / usé

nuevo / usado

rien / quelque chose

nada / algo

vieux / jeune

viejo / joven

marche / arrêt

encendido / apagado

ouvert / fermé

abierto / cerrado

faible / fort

silencioso / ruidoso

riche / pauvre

rico / pobre

correct / incorrect

correcto / incorrecto

rugueux / lisse

áspero / suave

triste / heureux

triste / contento

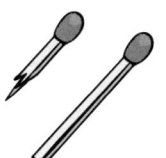

court / long

corto / largo

lent / rapide

lento / rápido

mouillé / sec

húmedo / seco

chaud / froid

caliente / frío

la guerre / la paix

guerra / paz

los números

0
zéro
cero

1
un / une
uno

2
deux
dos

3
trois
tres

4
quatre
cuatro

5
cinq
cinco

6
six
seis

7
sept
siete

8
huit
ocho

9
neuf
nueve

10
dix
diez

11
onze
once

12
douze

doce

13
treize

trece

14
quatorze

catorce

15
quinze

quince

16
seize

dieciséis

17
dix-sept

diecisiete

18
dix-huit

dieciocho

19
dix-neuf

diecinueve

20
vingt

veinte

100
cent

cien

1.000
mille

mil

1.000.000
le million

el millón

les nombres - los números

l'anglais

el inglés

l'anglais américain

el inglés americano

le chinois mandarin

el chino mandarín

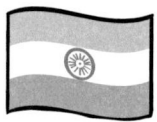

le hindi

el hindi

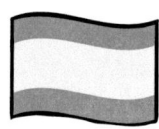

l'espagnol

el español

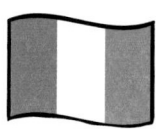

le français

el francés

l'arabe

el árabe

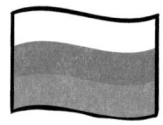

le russe

el ruso

le portugais

el portugués

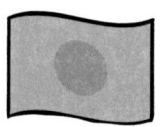

le bengali

el bengalí

l'allemand

el alemán

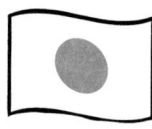

le japonais

el japonés

je

yo

tu

tú

il / elle / ce, c', cela

él / ella

nous

nosotros

vous

vosotros

ils / elles

ellos

Qui ?

¿quién?

Quoi ?

¿qué?

Comment ?

¿cómo?

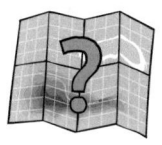

Où ?

¿dónde?

Quand ?

¿cuándo?

le nom

el nombre

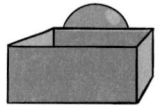

derrière
detrás

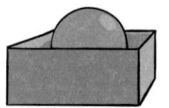

dans
en

devant
delante de

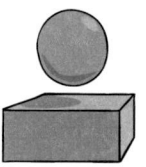

au-dessus
por encima de

sur
sobre

en-dessous
debajo de

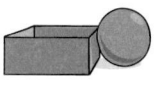

à côté de
junto a

entre
entre

le lieu
el lugar